"Não é bom mexer com um homem invencível".

O Homem Invencivel

John Danen

Published by John Danen, 2024.

O HOMEM INVENCIVEL

First edition. June 7, 2024.

ISBN: 979-8227454805

Written by John Danen.

Sumário

Introdução.

Criei este livro para ajudar homens e também mulheres. Para que você veja os perigos de ser uma pessoa romântica, fraca e carente. Alguém que prioriza o amor acima de tudo. Em vez disso, é melhor se tornar um homem invencível.

Este será um livro que poderá lhe causar muita dor, pois é brutalmente duro. Se você for sensível, peço que não o leia, ou poderá ficar traumatizado com o que está contido nele.

Mas se você tiver a coragem de querer saber a verdade, este é o livro certo para você.

O amor mal direcionado **pode matar**. É claro que ele é muito bonito e, se todos nós fôssemos bons, deveria ser o que deveríamos estar procurando, um amor precioso. Mas esse conceito que algumas pessoas idealizaram do amor em suas cabeças as faz cometer todos os tipos de barbaridades contra elas, além de fazê-las sofrer um verdadeiro inferno. O amor mata homens e mulheres. É por isso que estou escrevendo este livro, para que você perceba como coisas ruins podem acontecer com você se for ingênuo, se acreditar que o amor é maior do que qualquer outra coisa e buscá-lo acima de seu bem-estar pessoal.

Com o amor mal direcionado, todos sofrem. Vou escrever este livro do ponto de vista de um homem, falando sobre todos os infortúnios que podem acontecer com você, homem, mas eu também poderia escrever outro livro do ponto de vista de uma mulher, falando sobre como os homens são maus e lhes dão uma vida de merda. Desculpe-me, mas não vou fazer essa segunda visão, não porque não a considere justa, que é justa e elas também sofrem muito, mas simplesmente porque não estou do outro lado e não conheço a fundo o sofrimento delas.

Portanto, peço a outra pessoa que escreva a outra parte em que as mulheres sofrem por amor. Basta esta parte que eu sei que horroriza a todos e evita que homens e mulheres sofram. Quero que ambos tenham muito cuidado quando estiverem juntos em um relacionamento sério. Se todos nós nos valorizarmos acima desse amor idílico, muitos problemas serão evitados.

Não é o machismo ou o feminismo que eu defendo, mas sim ter cabeça e não cair em amores malditos que arruínam a vida de um número enorme de pessoas.

Este é um livro para sua defesa pessoal, para que você saiba o que as mulheres e os homens fazem no amor, como eles costumam nos usar e manipular. Não é um livro de amor, é um livro que conta de forma realista como são os relacionamentos pessoais entre homens e mulheres no mundo de hoje. Eu poderia chamá-lo de "amor tóxico", mas vou chamá-lo de "**o homem invencível**" porque é mais positivo e fortalecedor.

Os amores não são tóxicos, eles são amaldiçoados porque o que eles chamam de amor muitas vezes se transforma em algo horrível, que destrói as pessoas para sempre.

O homem, por causa de sua fraqueza e bondade natural, muitas vezes cai nesses amores malditos e é terrivelmente punido. Além disso, por causa de sua agressividade e autocontrole excessivos, ele comete atos terríveis.

Espero que, com este livro, você se torne um homem invencível que não se apaixona por amores malditos, nem sofre, nem chora. Um homem acima do bem e do mal, que passou por tudo e, finalmente, se tornou invencível.

De onde vem o amor maldito?

O amor amaldiçoado vem da fraqueza, da crença de que o amor é a coisa mais importante e pela qual você deve sofrer e lutar, mesmo acima de seu bem-estar pessoal. O amor maldito vem do fato de você ser emocionalmente dependente, suave e sensível, lutando por esse amor além do que é aconselhável. É preciso saber parar, é preciso saber valorizar-se e dizer não à outra pessoa, é preciso saber abandonar relacionamentos que não trazem nada, ou, se trazem, trazem sofrimento e infelicidade.

Muitas vezes culpamos as mulheres por nossos males, como se elas fossem más e nos fizessem mal. Não é assim, somos nós que, por sermos brandos, damos a elas poder total sobre nossos sentimentos. Isso acontece devido à nossa bondade, às vezes, à inocência, às vezes, à fraqueza e à dependência.

Devido à nossa concepção de amor idílico, as mulheres podem nos parecer más, e sim, é verdade, elas podem ser muito más, mas na maioria das vezes elas não são boas nem más. Elas se adaptam ao que você é. Se você for suave, elas serão muito duras, se você for duro, elas serão suaves. Eles se adaptam ao complemento.

Em geral, elas não gostam do homem suave, do homem sensível e romântico, elas gostam do homem que se faz respeitar, que impõe limites, que é duro, esse é o homem mais cobiçado.

Um homem que chora é rejeitado por qualquer mulher porque isso é proibido para os homens, que, apesar de sofrerem muito, muito mesmo, não têm permissão para fazer isso. Eles podem chorar por qualquer coisa. Se um homem chora na frente de uma mulher, ele é praticamente descartado, porque você tem que ser forte, não importa o que aconteça com você, porque você é um homem.

Temos que fazer nossa parte para que tudo corra bem e, no mínimo, tentar ser alguém que se respeita e não cair em relacionamentos tóxicos nos quais temos tudo a perder.

Não se pode vencer no amor, apenas se você encontrar um relacionamento perfeito será mais ou menos feliz, mas também sofrerá muitos problemas. No máximo, há aqueles que são respeitados, que encontram um parceiro muito bom e que, por sua vez, são bons, e esses poucos conseguem encontrar um par. A grande maioria perde no amor, às vezes tanto homens quanto mulheres perdem, mas isso é raro, 99,99999% das vezes são os homens que perdem, nós somos os fracos no amor.

A norma é 18-0

Espero que com este livro você consiga empatar o jogo, pois ganhar é muito difícil e praticamente ninguém na história da humanidade conseguiu.

Casanova e outros 10 foram bem-sucedidos. Para vencer, você teria que aproveitar mais do que sofrer e, assim que der importância a uma delas, ela o enfraquecerá e causará sofrimentos terríveis que você não esquecerá, mesmo que pegue outras 100.

Somente o homem invencível consegue o que ninguém mais consegue e vence pela menor das margens algumas vezes em um século. Apenas 1 em dez milhões de sorteios.

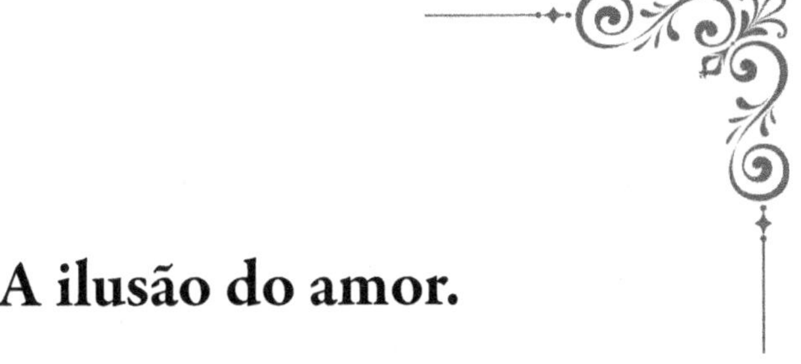

A ilusão do amor.

Por causa da ilusão de amor que entra em nossas cabeças, perdemos anos e até vidas inteiras dedicadas à busca de um amor que é difícil de alcançar ou que não existe de fato. Como Manson disse: "Não sou escravo de um Deus que não existe", e é verdade, o Cupido não existe, não há um Deus do amor para adorar. Quando as pessoas percebem que o amor não existe, ou pelo menos que é muito difícil encontrá-lo, elas sofrem terrivelmente.

Alguns se tornam violentos justamente contra a pessoa que é objeto de seu amor, porque sua frustração por não receber esse amor, ou por não ser correspondido como desejam, faz com que cometam todos os tipos de ações selvagens, que destroem sua vida e a vida dos outros.

Do amor pode-se passar ao ódio e do ódio à dor, e então nada pode ser resolvido, porque foram feitas coisas tão desprezíveis que não há consolo.

Se as pessoas não tivessem uma dependência emocional tão forte, se não buscassem o amor a todo custo, fazendo o que fosse preciso, e, assim que detectassem que não estão sendo correspondidas como deveriam, terminassem seus relacionamentos, tudo seria muito melhor.

Mas da escassez vem o medo, e do medo vem a dor. Aquele que é um homem formal é um homem perigoso, pois geralmente é obcecado por sua parceira e não enxerga além desse relacionamento.

No entanto, o sedutor anda por aí aceitando que muitos não o tratem bem, aceitando que muitos o desprezem, sabendo que praticamente nunca será correspondido e não dando importância a nada. O sedutor é duro, realmente duro, por isso, porque o sedutor é duro, ele está buscando seu próprio prazer, para se divertir, e não vai machucar ninguém.

Mas cuidado: o homem formal, o homem suave que se dedica a uma mulher e é obcecado por esse relacionamento, pode ser perigoso.

Não vou dizer que todos precisam ser sedutores, mas pelo menos respeitem a si mesmos e tenham coragem de terminar o relacionamento em que estão se isso não os deixa felizes.

Sempre pode haver outra garota que lhe dará uma vida melhor do que aquela com quem você está e que não o satisfaz. Deixe-a e siga seu caminho. Esse livro também é válido para evitar crimes violentos de cunho machista que horrorizam as pessoas na sociedade.

Portanto, embora eu vá contar muitas histórias malucas, o que eu espero com tudo isso é conscientizar as pessoas a fazerem o bem, e o bem geralmente significa romper relacionamentos e respeitar a si mesmo.

A dureza de ter nascido homem.

Se você teve a infelicidade de nascer homem como eu, tenho uma péssima notícia para você: ser homem é perigoso, perigoso, não, muito perigoso. Os homens têm muito mais testosterona, o que nos incita à violência, e também corremos riscos infinitos. Muitos desses riscos que corremos são em busca de uma mulher, ou lutando por amor, ou defendendo alguém. Não é à toa que os homens vivem sete anos a menos do que as mulheres. Nós nos cuidamos menos, corremos muito mais riscos, gostamos de velocidade, gostamos de certa forma e em algumas circunstâncias de violência também, esportes motorizados selvagens, enfim, quando nosso coração bate pela adrenalina da emoção nos sentimos vivos, e isso é perigoso para nós e para os outros.

Você precisa aceitar essa verdade dura e crua: **as mulheres não são más**, é só que você é suave e exige uma gentileza que elas geralmente não podem oferecer. Elas não podem oferecer isso porque foram programadas dessa forma por milhões de anos. Elas só podem oferecer uma pequena gentileza à pessoa que consideram seu parceiro, e isso na melhor das hipóteses; para todos os outros, há frieza e comportamento desconfiado. Eles protegem os seus e são hostis com os outros na maior parte do tempo. Quando uma mulher se abre, ou seja, é conquistada, ela se torna boa, a menos que você seja excessivamente suave, o que ela compensará tornando-se mais fria e dura.

Em geral, também é preciso dizer que eles já são muito mais frios e malvados, mas isso não é culpa deles, eles foram programados dessa forma, como eu disse antes, é a adaptação deles para sobreviver. Por não terem força física, eles desenvolveram a astúcia, e estão anos-luz à nossa frente em termos de poder nessa qualidade. Isso muitas vezes pode ser interpretado como maldade, mas é assim que eles são, não é culpa deles. Não reclame de como as mulheres são más, porque é assim que elas têm de ser, reclame de como você é mole e fraco.

Você é um homem e, se deseja ser um homem invencível, não pode reclamar de nada.

Reclamar é um fracasso. Homens invencíveis nunca reclamam.

"O homem é duro por fora e macio por dentro, a mulher é fraca por fora e dura por dentro".

Os homens sofrem inúmeros acidentes e mortes violentas devido ao excesso de testosterona, sim, eu sei. É assim que deve ser aqui também. Tudo é perfeito do jeito que é. Não há reclamação, não há tristeza. Os homens invencíveis aceitam tudo o que aparece em seu caminho, sem reclamar.

A vida do homem.

Vou contar a história da vida desse homem desde o nascimento. No início, ele é um ser muito bem-humorado, inocente e sincero, cuja única referência é sua mãe. É ela quem o protege de tudo o que há de ruim no mundo, quem lhe dá carinho e amor. Esse afeto e amor, que ele nunca mais encontrará, ou o que encontrará será um amor de qualidade muito baixa. Esse afeto e esse amor que, com sorte, ele encontrará serão uma cópia barata desse amor materno. Quando ele construiu sua versão invencível, ele também não precisa disso, ele é um homem invencível que não se contenta com nada, ele é muito duro, ele tem o suficiente para ser feliz consigo mesmo. Mas agora, como jovem, ele é fraco e frágil.

Quando um jovem começa a gostar de garotas, ele geralmente passa por momentos muito difíceis. Ele tem tudo a fazer, precisa construir sua personalidade, precisa se fortalecer para poder competir de igual para igual com elas.

Então, esse pobre rapaz sai por aí fazendo o que é natural, se apaixonando e sendo gentil, carinhoso e romântico com as belas e maravilhosas moças. Isso acontece porque a sociedade, a família, as escolas, os pais, os filmes, tudo o leva ao romantismo e ao amor idílico, que é o objetivo a ser alcançado.

O garoto pensa e sente, mas esses pensamentos e sentimentos não são verdadeiramente seus, foram inculcados por essa sociedade. É por isso que, enquanto não se livrar desse eu antigo e mal programado, ele não poderá ter sucesso no amor. Esse eu que é programado por outros, o menino o associa a si mesmo e acredita que é seu verdadeiro eu, mas não é. A criança pensa e sente dessa forma porque o amor é o que ela quer. A criança pensa e se sente assim porque está imersa na corrente de pensamento dominante, porque não consegue se livrar dela, porque é isso que ela conhece, e é por isso que a criança, cem por cento do tempo, se torna uma pessoa mole, sensível e dependente em busca de amor.

Assim, ele sai em busca de amor e fracassa completamente, pois muitas vezes, se não quase sempre, eles retribuem sua bondade com desprezo, mentiras e humilhação.

Isso pode causar três efeitos na mente masculina:

- A primeira, acho que quase todo mundo já passou por isso, é que há um **ódio contra as mulheres**, que elas serão vistas como seres malignos que causam todos os nossos problemas.
- A segunda é outra possibilidade, que é aceitá-los como são, com resignação, e **continuar procurando o amor** como bons meninos até o fim.
- A terceira opção é você se tornar um **homem invencível**, o que explicarei ao longo deste livro.

Primeiro, analisarei a **opção número dois**.

Aqueles que continuaram a buscar o amor encontram um amor manipulado, um amor que não é verdadeiro, um amor que vem de sua fraqueza, e todos eles são escravizados impiedosamente pelas mulheres. Assim, eles truncam suas vidas e, em vez de ficarem felizes seduzindo e se divertindo, ficam amargurados, muitas vezes suportando uma mulher déspota, que os humilha e os trata muito mal.

Eles fazem de tudo para proteger a família e, em resumo, também são grandes heróis, heróis que sacrificam suas vidas para que seus filhos prosperem. O maior desses sacrifícios é suportar sua esposa, que na maioria das vezes é uma mulher que se tornou má e dura quando viu como ele era bom e suave. Outras vezes ela é meio boa, mas a questão é que ela será tão boa quanto puder para ele, porque ele é o homem dela, quer ela goste muito dele ou não, ela o escolheu e agora o considera garantido. Ele está comprometido em construir uma família com ela e, portanto, ela deve tratá-lo da melhor maneira possível, mas esse homem claramente perderá no amor e merece nossa comiseração.

Em 70% dos casos, bem, esse é um número que coloquei de forma um pouco aleatória e não tenho os dados precisos, mas calculo que seja algo assim: os casamentos fracassam e, depois disso, esses homens, bons ou maus ou o que quer que sejam, sofrem na carne, em toda a sua crueza, as leis injustas que os privam de seus filhos e de mais da metade de suas propriedades. Muitos passam por uma provação de julgamentos, apelações e são arruinados por advogados. Tudo isso por tentarem ver seus filhos, geralmente ingratos, que são totalmente manipulados por suas mães, com a aprovação de toda a sociedade pensante.

Nos casos mais extremos, eles ficam loucos e fazem coisas bárbaras. Alguns cometem suicídio, outros matam suas esposas, mas esses são casos extremos que não são normais. O normal é reconstruir a vida e voltar a cair nas mesmas armadilhas, tudo isso por continuar acreditando no amor, um amor, como eu disse antes, no qual você nunca vai ganhar, sempre vai perder, e no máximo, mas muito, muito mesmo, um empate. Eles sempre perdem de goleada.

Esse amor, se você engolir todas as exigências dela, restringirá sua liberdade. Ela o proibirá de ser um homem, de sair com outras mulheres, de dormir com outras mulheres, que é o que a natureza realmente quer para você. Esse casamento foi feito para que você cuide de sua família, mas, uma vez feito isso, você não encontrará felicidade, nem no primeiro, nem no segundo, nem no quinto, são todos mais do mesmo. Ilusão no início, sofrimento no meio e uma tremenda decepção no final.

Esses homens que se casam nunca têm sucesso no amor; pelo contrário, fracassam terrivelmente.

Muitos nem chegam a se casar porque sofrem tanto com a rejeição e o fracasso que não conseguem se casar, entram em depressão profunda em decorrência desses infortúnios e não conseguem se reerguer.

A primeira opção, na qual muitas pessoas caem, é odiar as mulheres; isso já aconteceu com todos nós quando éramos crianças, quando não entendíamos nada e não sabíamos; agora que somos maduros e sabemos, percebemos que, embora elas pareçam ser muito ruins, na realidade elas são como têm de ser, porque foi assim que a natureza as criou, porque foi assim que elas sobreviveram melhor, porque, ao desenvolverem a astúcia, elas conseguiram lidar com a vida difícil que também levavam. Portanto, para seu próprio bem, peço que pare de reclamar das mulheres, pois isso é um fracasso, um perdedor total.

A terceira opção é parar de odiá-los ou de se submeter a eles e se tornar um **homem invencível,** esse é o verdadeiro caminho, o caminho número três.

Nós, homens, estamos sozinhos, ninguém nos ajuda porque já somos homens, não somos crianças ou mulheres, somos homens e temos que resolver as coisas por nós mesmos.

Estatísticas sobre homens.

Não é coincidência que tantas pessoas queiram mudar seu sexo para feminino. Como eu disse antes, ser homem é perigoso. A maior parte dos dados que refletem todas essas estatísticas é culpa nossa, de nossa impulsividade e agressividade, mas há essas estatísticas devastadoras.

Os homens sofrem 4,3 vezes mais mortes no trânsito, ou seja, para cada mulher que morre, mais de 4 homens morrem.

Os homens vão para a guerra e respondem por 99% do número de vítimas. Para cada mulher morta em batalha, há 99 homens. Ninguém está pedindo paridade aqui?

Os homens cometem suicídio mais de quatro vezes mais frequentemente do que as mulheres.

70% dos divórcios são iniciados por mulheres.

Os homens estão acostumados a suportar isso, pois são eles que recebem a maior parte da violência. A maior parte da violência é praticada de homem para homem.

Nora Vincent é uma escritora ativista e feminista. Essa mulher fez um experimento durante dezoito meses, que consistia em fingir ser um homem. Ela sofreu tanto que entrou em depressão. Segundo ela, sua vida como homem era brutalmente difícil e árdua. Ela disse que admirava os homens e que nossa vida era muito, muito mais difícil do que a das mulheres. Ela saberá.

O terrível exemplo de um homem em guerra.

E sse é um exemplo que vou inventar, mas a realidade pode ser assim, e até mais cruel.

Nosso protagonista é um homem de 28 anos que foi alistado à força para defender seu país. Ele não teve treinamento militar, mas teve de fazê-lo porque somente homens defendem seu país em guerras. Ele está em idade de mobilização, portanto, para não incorrer na pena de morte por desertar, aqui está ele na linha de frente.

A temperatura está dezesseis graus abaixo de zero e o homem não está muito bem equipado para o frio, pois as provisões são escassas. Ele treme e treme a maior parte do tempo. Ele não come nada sólido há dois dias, comendo apenas um sachê de sopa que mal está esquentando em um pequeno fogão e que compartilha com outros dois combatentes.

À noite, ele chora e se lembra de sua casa, de sua esposa e de seus dois filhos pequenos. Ele não tem notícias deles, nenhuma carta chega ao front. Ele espera que talvez ela tenha escapado e esteja agora em segurança em outro país, em algum lugar quente e seguro.

Todas as noites ele pensa neles e em como seria sua vida se não estivesse lutando por seu país.

Três longos meses se passam sem que nada de importante aconteça. Há apenas o tédio de ficar na linha de frente esperando que o inimigo se aproxime. Mas o inimigo não se digna a aparecer. Isso lhe dá um pouco de esperança de que talvez ele nunca apareça e você possa voltar para casa inteiro, se ainda estiver de pé. Ele também poderá recuperar sua família se a guerra acabar logo. Ele sonha em abraçar sua esposa e filhos. Ele reza todos os dias pelo bem-estar deles. Ele pensa: "Gostaria de voltar para casa e encontrar minha família esperando por mim". O soldado pensa que gostaria de poder se comunicar com eles e, às vezes, fantasia sobre a melhor notícia, que a guerra acabou e que ele pode se reunir com sua família onde quer que esteja.

Em um dia fatídico, às 5h47 da manhã, um pesado bombardeio começa em sua posição. As bombas estouram seus tímpanos e ele sangra, a dor é intensa, o barulho é infernal.

Ele se aconchega em sua trincheira esperando que a saraivada de bombas que martela sua posição diminua, mas não há fim à vista. Explosões terríveis abalam o ambiente e ele passa mais de duas horas orando e chorando, pedindo a Deus que salve sua vida. Não há nenhum inimigo para abater, ninguém para ser visto, apenas bombas caindo.

Infelizmente, um deles caiu muito perto, a explosão o jogou para fora da trincheira e ele agora está deitado de costas com o abdômen completamente aberto. Suas vísceras estão para fora e parte de seus intestinos está no chão ao lado dele.

A dor é enorme, ele está perdendo muito sangue, está ficando tonto e entrando em convulsões. Seus membros estão congelando por causa do frio. Mas ele não consegue se mexer. Talvez ele também tenha uma lesão na medula espinhal. Ele não sabe disso, mas isso também aconteceu, ele está paraplégico da cintura para baixo, a única coisa que ele sabe é que não pode se mover um centímetro ou suas entranhas sairão ainda mais.

Deitado na neve manchada de sangue e sangue, ele fica imóvel por horas com explosões perto dele, que, feliz ou infelizmente, não o atingem. Ele fica ali até perder completamente a consciência. Os bombardeios param, ele recupera a consciência, treme e seu primeiro pensamento é lembrar-se de sua família e de sua casa.

Ele tem uma pequena esperança de que alguém virá em seu socorro, mas, com o passar do tempo, a morte se aproxima cada vez mais e ele não conseguirá sobreviver à noite se ninguém vier em seu socorro.

Depois de longas horas de sofrimento terrível, gritando sem resposta, sem esperança de resgate, de repente, ouve-se o som de veículos blindados. Nosso soldado olha ao seu redor à luz do amanhecer, tendo recuperado desajeitadamente o sentido da visão à luz do amanhecer. O horizonte está clareando e ele pode ver seu entorno com mais clareza. O que ele vê é desolador, nenhuma das pessoas que estavam com ele sobreviveu. Todos estão em pedaços no chão. Seus companheiros estão literalmente em pedaços, um braço aqui, uma cabeça ali. Ele é o único sobrevivente do bombardeio.

Finalmente, um veículo blindado aparece à sua frente, mas, infelizmente para ele, não é um veículo amigo, pertence ao inimigo. Os soldados saem, pegam-no e, sem mais delongas, arrastam-no pelo chão e o jogam em uma cratera aberta por uma bomba naquela noite terrível.

Ele grita e implora por misericórdia, mas eles não lhe dão atenção.

Agora eles estão jogando pás de terra sobre seu rosto e, pouco a pouco, estão cobrindo-o, até que finalmente ele é enterrado vivo.

Ele não tem mais forças, não consegue gritar nem se mover e está sufocando quando a sujeira entra em sua boca e nariz em sua tentativa desesperada de respirar debaixo da terra. À medida que mais e mais terra é jogada sobre ele, ele se sente sufocando cada vez mais e se contorce o máximo que pode para tentar sair dali. A sujeira entra em sua ferida e ela arde terrivelmente. Seus últimos pensamentos antes que a escuridão desça são para sua esposa e filhos pequenos. A sujeira já entrou nas feridas, e agora ele não consegue respirar, se mover ou fazer nada. Ainda são necessários cerca de dois minutos de sufocamento e agonia para que ele finalmente morra.

Por que valeu a pena estar lá? Que grandeza há nessa morte?

Enquanto isso, em Milão, sua esposa está em segurança com seus dois filhos. Na mesma noite em que o bombardeio começou, ela está cansada de não saber nada sobre o marido e, pensando que ele estava morto, decide que é hora de virar a página e se libertar de toda a tensão dessa guerra. Depois de ter sofrido tanto, depois de meses sem notícias do marido, naquela noite ela conhece um belo italiano que vem buscá-la em um lindo carro. Eles saem para uma festa e, durante essas horas, ela finalmente se diverte um pouco e se esquece da guerra e do marido. Na mesma época em que seu marido está morrendo na cratera, ela vai para a cama com o italiano e, por alguns momentos, esquece tudo o que sofreu.

Uma história chocante, não é mesmo?

Bem, a lição de tudo isso é que o que diabos são as guerras!

Alguns dirão: "Que mulher, como ela é ruim em fazer essas coisas!

Vou lhe dizer o que penso. Essa mulher não **é ruim,** não devemos odiá-la, nem criticá-la, nem desprezá-la nem um pouco. Ela também sofreu muito, não tanto quanto ele, mas ela também sofreu muito. As circunstâncias aconteceram dessa forma: a morte de seu marido coincidiu com o dia em que ela pôde se divertir um pouco.

Ninguém deve odiá-la ou odiar as mulheres em geral. É a própria vida que é difícil. Ela, que já sofreu o indescritível, tem o direito de se divertir um pouco. Se ela pudesse, teria ficado ao lado dele, se pudesse, mas não pôde.

A falta de informações fez com que, apesar de tê-lo constantemente em seus pensamentos, ela decidisse fazer exatamente isso, virar a página, pelo menos aproveitar aquele dia. Ela achava que era quase impossível voltar a viver com o marido, mas um dia ela teria que entregá-lo à morte e esse era o dia.

As mulheres não são nem ruins nem boas, elas se adaptam ao que nós somos. Se formos muito bons, elas compensam sendo ruins, se formos muito ruins, elas se tornarão muito boas para compensar. É uma espécie de acoplamento, ajuste, seja qual for o nome que você queira dar a isso.

É por isso que você não deve pensar que odiá-los o tornará mais forte, pelo contrário, é a vida que é difícil, não eles.

Devemos amar a todos, mulheres boas e mulheres más, porque não existem mulheres más, as mulheres são assim por causa de sua adaptação ao ambiente. Devemos estar acima do bem e do mal e ser **o homem invencível** que não é afetado por nada, que nunca sofre, que se adapta a tudo, que não dá desculpas, que não reclama, que não procura bodes expiatórios para culpar pelo mal do mundo.

A única pessoa que você precisa vencer é você mesmo.

O homem invencível se aprimora para se tornar mais divertido, mais alegre, mais despreocupado com coisas que não importam. Ele se torna duro como pregos, a tal ponto que nada o afeta. As traições, as profundas decepções que a vida nos proporciona, não nos afetam em nada. O homem invencível ama a si mesmo e não permite que nada ou ninguém o faça se sentir mal.

O homem invencível tinha apenas um inimigo, sua versão anterior, a versão programada em série, que ele derrotou. Agora ele não tem inimigos, tem a si mesmo e o mundo inteiro para aproveitar a maravilha da vida.

Mesmo lá, enterrado vivo, o homem invencível se sente em paz consigo mesmo, sem ódio ou rancor.

É isso mesmo, às vezes isso acontece, às vezes eles mandam o homem invencível para o inferno da batalha e ele volta condecorado e em perfeita saúde.

O trauma da primeira namorada.

A primeira noiva é a que nos dá o maior choque de nossas vidas. Chegamos até ela totalmente inocentes e bons. Chegamos acreditando no amor e que encontramos a felicidade. Não nos preocupamos nem um pouco com nosso comportamento amoroso alarmante, que está nos levando de cabeça para uma tremenda dependência emocional. Quando chega o dia do rompimento, o mundo desaba sobre você. Esse dia é o pior dia de sua vida. Tudo em que você acreditava desmorona, tudo pelo que você lutou se perde, tudo o que você achava que seria eterno, incondicional e imenso é tirado de você. Muitos não conseguem superar isso e ficam traumatizados para o resto da vida ou têm problemas psicológicos graves. Alguns se tornam sensíveis, outros desprezam as mulheres.

Esse amor nunca mais volta, porque você nunca será capaz de se entregar tanto quanto fez com a primeira namorada. Portanto, o amor, se existir, acontece nesses poucos anos de juventude, em que você realmente acreditou no amor, foi correspondido e teve momentos de grande felicidade com aquela namorada que você achava que era para sempre.

A dura realidade abala o garoto e crises de ansiedade, depressões, melancolia e coisas ruins podem acontecer, às vezes durando anos, às vezes meses, às vezes a vida toda.

Esse primeiro grande golpe o traz de volta à realidade e mostra que apenas algumas mulheres serão muito gentis com você, e por um tempo limitado.

Na realidade, esse amor é uma anomalia, algo que só acontece nesse estágio juvenil, e nem sempre, apenas com as poucas mulheres super gentis que ainda estão por aí. Mulheres que você não valorizará tanto ou às quais não se entregará tanto se elas aparecerem mais tarde, por causa desse trauma inicial.

Depois disso, você pode lutar pelo amor novamente, que é o que acontece na maioria das vezes, apenas para sofrer outro revés muito mais rápido, mas menos doloroso; ou endurecer diretamente.

É normal ficar vagando e vagando por um bom tempo, até que finalmente, por volta dos 30 anos, você se adapta à interação com as mulheres e para de sofrer.

Isso não significa que essa primeira namorada seja ruim, longe disso, ela é boa, boa dentro dessa anomalia em que elas são boas com o parceiro. Como eu disse antes, elas não são boas nem más, depende de como você é; se você for bom, elas serão más, se você for mau, elas serão boas. Nesse caso, o cara é inocente e bom e essa anomalia ocorre e, portanto, sendo boa, ela se comporta de forma bastante gentil, mas, por fim, o ajuste ocorre e sua bondade é retribuída com abandono.

Você também é parcialmente culpado por esse rompimento, pois acaba ficando entediado com a vida tranquila que essa mulher lhe proporciona, e seu distanciamento dela é inicialmente retribuído com mais amor, mas, aos poucos, a garota endurece e ocorre um distanciamento da parte dela, até o rompimento final.

Não vamos nos queixar, pois a reclamação é para os perdedores, as mulheres são como devem ser.

São elas que nos transformam de moleques, dependentes e não masculinizados em caras durões e durões. **Seja grato por cada mulher que o deixa,** pois isso o tornará mais forte, mais atraente e mais resistente. No final, você se tornará um homem invencível se suportar e superar tudo.

A melhor mulher que conheço.

A melhor mulher que conheço é uma mulher realmente gentil com seu ambiente. Ela adora animais, tem muitos cachorros, adora gatos também, cuida com carinho de seu filho, limpa a casa, faz seu trabalho, é simpática com as pessoas, é amigável, charmosa e falante.

Uma garota maravilhosa, exceto pelos pequenos momentos em que ela torce o fio e fica mal-humorada, o que só acontece quando você faz algo de que ela não gosta.

Essa mulher simpática e solidária, que é muito querida por onde passa, separou-se do marido. Apesar de toda essa simpatia, ela não hesitou nem por um segundo quando levou embora a casa que ele estava construindo há anos com seu próprio esforço. Ela também tirou o filho dele e o treinou contra ele, a ponto de o filho não querer usar o sobrenome do pai. Ela também tirou o carro dele, em resumo, aquele que era seu amado marido se tornou seu odiado inimigo.

Isso deve fazer você refletir sobre como eles são. Quando você é "o cara", eles são bons, mas se você os decepcionar, eles se vingarão por todo o tempo que acham que perderam com você. Tempo que elas poderiam ter passado com o homem de verdade, alguém que as trataria melhor ou, pelo menos, não as decepcionaria tanto.

Essa é a mulher mais simpática que conheço. Ela é ruim, não, é assim que tem de ser. Quando você as envolve em algo como casamento, quanto mais elas se envolvem, mais elas farão você pagar por isso mais tarde. Quando decidirem que você não é mais "o homem", você pagará por isso a um preço extremamente caro e louco! É assim que as coisas são, e é assim que temos de aceitá-las.

Esta é a melhor mulher que conheço, perigosa para aqueles que falham com ela, agradável e amigável para aqueles que transam com ela, a menos que você seja o marido e a decepcione.

Essa mulher me ama e me chama regularmente para sair com ela, mas como não me envolvo em nada e não a envolvo, também não a decepciono, então posso sair com a fera sem que ela me ataque.

Um sedutor é um domador, um mestre sedutor é um domador ousado que sabe como lidar com a situação com temperamento e se impor. O mestre sedutor é sempre um homem corajoso, um herói, porque ele mantém afastadas as mulheres que se comportam como verdadeiras feras. Elas são muitas e quase nunca o atacam e, quando o fazem, ele sabe como se defender. O melhor.

Aqueles com quem você vai já destruíram muitos homens, agora eles são mansos e dóceis diante de seu poder de foda. Eles também são submissos à sua pica, mas isso só dura por um tempo e, como você não pode transar com eles 24 horas por dia, mais cedo ou mais tarde terá de aturar as feras selvagens novamente, tentando matá-lo.

Todo domador tem seu chicote, ele é usado para se impor e se fazer respeitar, você também tem o seu, não, não é o pau, isso não é suficiente para domá-los, a arma definitiva é chamada de "a sedução sombria".

Se o domador hesitar, se perceber fraqueza, ele o comerá vivo.

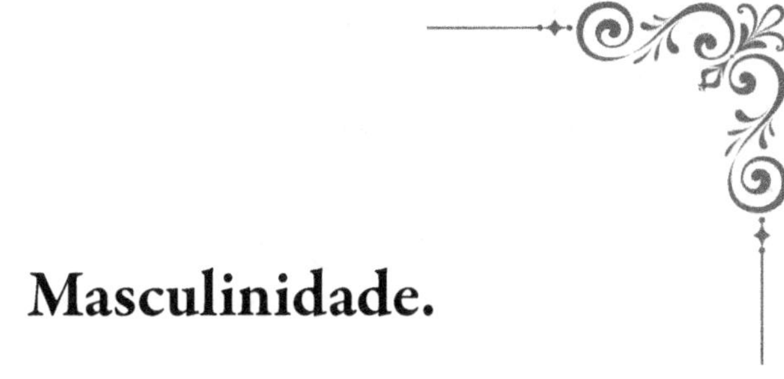

Masculinidade.

Já escrevi livros inteiros dedicados à masculinidade, então parece que não há mais nada a dizer sobre esse assunto, mas isso não é verdade, há mais a dizer. A verdade é que, como homens, perdemos a masculinidade devido à perda de testosterona. De fato, os homens da década de 70, com 75 anos de idade, tinham 800 (não me pergunte o que é isso) e os homens de hoje, com 25 anos de idade, têm apenas 550. Essa masculinidade é reduzida pelos produtos alimentícios industriais que somos obrigados a consumir nos supermercados. Vá e meça isso na tribo da selva de Papua Nova Guiné e veja quanto é.

Outra parte dessa perda de testosterona vem do fato de que os trabalhos que realizamos não exigem mais força física. Antigamente, todos os trabalhos exigiam força física.

O guerreiro, o carregador, o fazendeiro, o caçador, o moleiro, o pescador, o construtor, tudo era feito à mão. As pessoas tinham testosterona, eram fortes e machistas. Agora não é mais assim, temos o programador de computador que move o dedo indicador no mouse, temos o escritor como eu, que se senta para falar e o programa de reconhecimento de voz já escreve para mim o que eu digo, não é preciso escrever, temos também o funcionário público, o único trabalho que ele faz é ir para o local de trabalho, depois fica sentado por oito horas e vai para casa. Quase não há trabalhos que exijam esforço físico e, portanto, essa masculinidade se perdeu.

A música também é importante. Hoje em dia não há nada além de reggaeton com autotune que você nem consegue entender o que eles estão dizendo. Já ouvi até cantos gregorianos de monges com autotune, o que é isso, mix de meditação? É risível. Não há mais bandas de rock, costumava haver bandas de rock com caras realmente durões, verdadeiros astros do rock.

É por isso que essa masculinidade precisa ser **exercida.** Ultimamente, tenho notado muito sobre os ferreiros, essas pessoas constroem suas facas e espadas nas forjas de suas casas. Esses homens são caras realmente durões que fazem obras de arte com seu martelo e forja. Isso aumenta a musculatura, o calor também ajuda a emagrecer, é uma atividade que considero super macho.

Há também bandas que são como um retrocesso ao passado, com caras super masculinos que se apresentam fazendo música viking e nórdica. Esses caras aparecem sem camisa, andando pela neve com machados, vestidos como vikings, lutando e tocando tambor.

Tocar bateria é uma atividade de um cara durão, muito musculoso, do tipo guerreiro. O tambor é a coisa mais poderosa, por isso os árabes os levavam para a batalha e os chamavam de "tambores de guerra". Com seu rugido, eles intimidavam o inimigo.

Um homem invencível sempre ouve música de durões e, é claro, bateria. Além de fortalecê-lo com seu som, ela também o ajuda a entrar em transe, um transe feroz e guerreiro.

Os escoceses, assim como os russos, parecem ser caras muito durões. Na Escócia, há muitas bandas que tocam gaita de foles, guitarras de rock e muita bateria, o que nos remete ao macho durão de antigamente.

Roupas.

Esse é um tópico um pouco controverso, porque o normal é querer maximizar suas opções para seduzir as garotas vestindo-se muito bem e parecendo muito atraente, com paletós, ternos, roupas caras e bons sapatos, além de perfumes e acessórios. Isso é bom e é verdade que dá mais poder, mas eu não sigo muito isso. Gosto de dificultar as coisas para mim mesmo, por isso olho especialmente para homens que estão muito mal vestidos, mas que projetam uma masculinidade forte.

Parece-me que quanto mais mal vestido um homem está, menos ele está tentando agradar ou seduzir as mulheres, ele está feliz consigo mesmo e não dá a mínima para o que os outros pensam, inclusive as mulheres. Vestir-se mal é uma coisa de homem durão.

Vestir-se bem o tempo todo é um pouco de suavidade, o que significa que você não tem todo o poder de seduzir garotas por conta própria, ou pelo menos tem dúvidas e, portanto, para ter certeza, precisa colocar todos os tipos de acessórios para se sentir atraente. Quando você é superpoderoso, você se veste como quiser e é atraente. Você pode ser atraente vestindo um macacão quase até o pescoço, sem nada por baixo, ou andando pela rua de chinelos, ou de bermuda, ou de calção de banho, ou de qualquer forma, como um caipira americano.

É verdade que isso fechará as portas para você com mulheres muito superficiais, mulheres que são, por assim dizer, chiques, que andam bem, elegantes, mas até mesmo algumas dessas mulheres podem gostar de você se você se tornar um cara musculoso, definido, forte e machão.

Se você sentir que seu poder é forte, pode se vestir como quiser, até mesmo andar descalço na rua, e eles o verão como masculino e machista. Você os assustará um pouco, porque eles não estão acostumados com essa segurança. Você não se prepara para eles, você é o que importa, você e seu conforto, eles não condicionam a maneira como você se veste.

É por isso que acho que o sedutor que se veste como quer, que usa um macacão de mecânico, que usa um terno manchado de graxa, ou um terno do canteiro de obras, ou de pintar a casa, ou de levantar a parede manchada de cimento, é mais poderoso do que aquele que usa um terno Armani.

Se você estiver envolvido em ambientes muito finos (eh produtor), recomendo que se vista bem para se integrar a esse grupo social, porque estar mal vestido produziria uma rejeição rápida, mas, uma vez seduzido, eles também devem ver seu lado masculino, o durão, sua versão como mecânico que conserta o carro, como um homem descuidado que não fez a barba hoje, como um levantador de peso que faz musculação. Elas também devem ver em você um homem maltrapilho, que será menos bonito, mas mais masculino. Alguns gostarão mais dessa versão do que da versão com marca.

Se você já é atraente vestido de alguma forma, o que você seria se estivesse bem vestido?

Então, para resumir meu pensamento, digo que estar sempre mal vestido é errado, porque você mesmo minimiza demais suas chances, mas estar sempre bem vestido também é errado, porque você demonstra interesse excessivo em agradar e gostar delas, e isso é uma fraqueza. Um cara durão de verdade é musculoso, costuma se vestir como bem entende e ainda assim atrai as mulheres.

Eliminação.

Muitos se gabam do número de garotas que pegaram a cada ano e saem por aí se gabando de seus sucessos. Bem, esse é o nível de iniciação. Quando você se torna um mestre da sedução, você não se gaba das garotas que pegou, mas sim das que eliminou, de todas as garotas abusivas e maldosas que conseguiu eliminar de sua vida. Você se gaba de não sofrer mais com o incômodo terrível, desagradável e constante que elas criam com suas reclamações e exigências. Seu maldito poder lhe agradece porque você se respeita, e isso o aumenta.

É seu dever eliminar as pessoas tóxicas de sua vida: aquele amigo que desaparece, aquele amante exigente demais, aquele que tenta abusar. É melhor que elas saiam do que entrem, você não deve se comunicar com elas de forma alguma. A única comunicação possível é dispensá-las por seu comportamento decepcionante. Além disso, o motivo de sua eliminação é explicado a eles, para que o pouco de consciência que lhes resta seja despertado. Pura sedução sombria.

Boas mulheres são adquiridas com alegria e descartadas nem com alegria nem com tristeza, talvez com um pouco de tristeza em alguns casos, mas rapidamente com alegria, sabendo que você fez a coisa certa, e com entusiasmo, porque você tem tempo para fazer novas aquisições.

As mulheres ruins são adquiridas quando se está triste e eliminadas quando se está feliz. Você as adquire estando triste, porque, mesmo sabendo que elas vão lhe causar problemas, você precisa somá-las. Isso é perigoso e você só faz isso nas raras ocasiões em que se sente como um viciado em sedução e, mesmo sabendo o quanto elas são problemáticas, você as adquire mesmo assim. É uma coisa suave de se fazer, você precisa tanto flertar que até adquire mulheres que sabe que são ruins. Nesses casos, quando você está realmente feliz é no momento da eliminação. Na maioria das vezes, você é esperto e nem vai seduzi-las por causa de sua enorme e clara maldade.

O processo de produção é o seguinte: para poder eliminar à vontade, primeiro você precisa adquirir. O sucesso do ano é quantificado em termos das garotas que você eliminou, não das que você adquiriu.

Essas eliminações são grandes triunfos no caso das garotas más.

É muito mais eficaz eliminar do que adquirir.

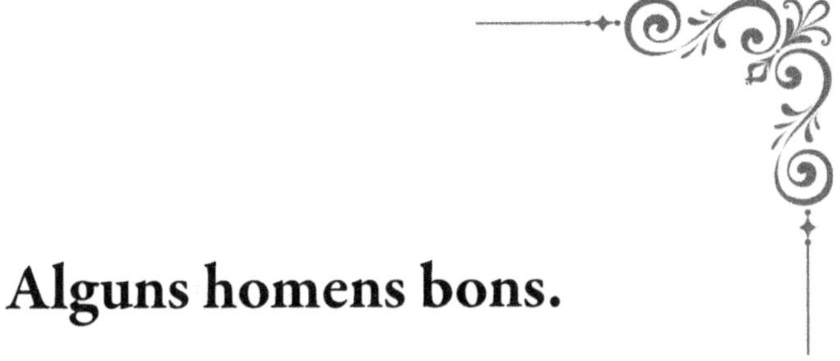

Alguns homens bons.

Há muitos homens que foram tremendamente prejudicados em sua interação com as mulheres e também pela própria vida. Esses homens têm uma característica em comum: toleraram abusos e se tornaram dependentes de outros, pessoas que não têm vida própria. Essa fraqueza de caráter é detectada por mulheres interessadas que se aproximam deles para tirar vantagem. Os fracos, os moles, não sabem como dizer a palavra mágica, "não". Todos abusam deles. Assim, pouco a pouco, eles perdem a autoestima. Acabam sendo pessimistas e derrotistas em relação a si mesmas. Visualizam um futuro de fracasso que, infelizmente, se materializará muito mais do que imaginam.

Alguns acabam na ala geriátrica aos 53 anos, outros frequentam hospitais psiquiátricos, outros são rejeitados sociais que não têm amigos, não têm vida social, não conseguem se relacionar com ninguém e permanecem em suas casas, trancados até morrer. Outros se tornam excessivamente misóginos, outros depressivos. Muitos deles se refugiam na religião como uma forma de salvação. A religião que os levará a uma vida melhor. Elas estão esperando pela próxima vida porque esta já está perdida.

Algumas mulheres ruins.

Uma mulher ruim é uma bênção. É uma bênção porque ela é realmente insuportável e, depois de um pequeno contato com ela, você imediatamente passa a detestar suas exigências, abusos e mau comportamento. O bom é que, graças a isso, teremos a desculpa perfeita para deixá-la, pois ela nos deu a desculpa perfeita.

Eles merecem ser eliminados e sabem disso. Quando os deixamos, já tiramos nosso bom proveito sexual, mas nem mesmo pensando assim, apenas no aspecto sexual, é aconselhável continuar com eles, porque o dano que causam com seus abusos é muito grande, por isso não devem, não podem e geralmente não duram.

A única coisa para a qual eles servem é para aumentar nosso número de conquistas. São números, números de merda, nem sequer nos lembramos deles, são realmente insignificantes.

Tire essa mulher de sua vida rapidamente, isso o tornará poderoso. Você estará ansioso para se dedicar à sua produção, porque isso tem sido uma merda. Uma mulher ruim, se cair nas mãos de um homem invencível, é uma boa mulher. Esse é o nosso mercado, o que torna possível que nossa produção seja maciça. Um homem invencível é grato pelo fato de essas mulheres aparecerem.

Isso os coloca em seu devido lugar, impõe respeito e reequilibra o sistema.

Algumas boas mulheres.

É muito difícil se livrar dessas mulheres boas, gentis ao extremo, que estão sempre fazendo boas ações, demonstrando afeto, compreensão, que suportam tudo e que não vão embora, não importa o que você faça. Esse é um problema muito grande.

Eles estão lá esperando que você afrouxe sua produção, agachados para caçá-lo, estão sempre lá para você. No final, eles acabam se apegando a você por causa de sua extrema bondade e é preciso muito para se livrar deles. Eles não fazem nada de ruim com você, e esse é o problema, eles o enfraquecem pouco a pouco, alguns deles podem pegá-lo. É por isso que, se você não quiser ter um relacionamento sério e formal, pegar uma mulher legal é ruim.

O capítulo mais importante de todos os livros.

Chamei esse capítulo de "o capítulo mais importante de todos os livros", porque acho que ele é realmente o capítulo mais importante de todos os livros que escrevi. Acho que se você não for um místico, uma pessoa com preocupações além das terrenas, provavelmente achará esse capítulo horrível. Eu sei, eu sei que sou um coach de sedução e isso não é o que se espera de mim, mas eu sou mais do que um coach, mas depois de explicar tudo isso de forma profunda, vou me calar e não vou dizer mais coisas místicas.

Como materializar o que desejamos?

No livro JD Absolute Seduction, expliquei as camadas em que sua cabeça deve ser segmentada. No livro "how to materialise what you want with fucking power", expliquei como materializar, mas não juntei as duas coisas.

Explicarei as coisas desde a origem, por mais mística e estranha que possa parecer, até a coisa mais superficial do mundo.

Começo, no plano astral, na outra dimensão, há uma energia infinita carregada de amor e paz, essa energia, esse poder infinito, você pode chamá-lo de Deus, você pode chamá-lo de universo, eu o chamei de poder do caralho.

Bem, a partir dessa dimensão, que imaginamos ser um oceano infinito, surge uma espécie de funil por meio do qual pequenas partes do poder de merda mudam de dimensão e entram no mundo físico. Esse poder maldito cria uma materialização, um ser, e esse ser é você. Ele faz isso porque quer experimentar o mundo físico por meio de você e de todos os seres.

É por isso que dizemos que você tem a centelha divina dentro de você, e é verdade, você faz parte do poder infinito.

Aqui no mundo físico, você vive sua vida sem saber quem realmente é. As leis naturais da atração fazem com que você comece a gostar de garotas e queira conquistá-las. Você lê livros de sedução e coisas que ficam na superfície, sem chegar ao cerne da questão, sem lhe dar todas as respostas. Neste capítulo, vamos chegar a elas, você verá.

Assim, os anos se passam, sofrendo e desfrutando deste mundo físico, até que um dia, por meio da meditação ou do relaxamento profundo, ou simplesmente entrando em transe, com música, com um tambor, ou simplesmente sentindo espontaneamente algo dentro de você, algo aparece de repente, é uma visão, ou melhor, uma sensação na maioria das vezes. Naquele instante, de alguma forma, você se dá conta de que tem esse imenso poder.

Essa é a coisa mais difícil de todas, conectar-se com o outro lado, estar ciente de que você tem a porra do poder, e não apenas estar ciente de que você o tem, mas sentir que você é a porra do poder.

Isso é algo que a maioria das pessoas nunca consegue alcançar e, por isso, vivem a vida inteira sem saber quem são e sem sentir o poder.

Vocês que já sentiram a porra do poder, mesmo que não o compreendam totalmente, sabem que há algo além de vocês, um eu superior, uma energia, algo infinito.

No meu caso, por exemplo, eu tinha consciência de que coisas boas certamente entrariam em minha vida. Isso aconteceu comigo enquanto ouvia uma música, naquele momento senti um poder enorme que não sabia de onde vinha, não sabia de nada, mas sabia que tudo o que eu desejava iria se manifestar.

Com o tempo, ao ler livros místicos, você percebe que esse momento crucial, essa pequena iluminação, essa consciência, é o ponto de partida para tudo o que desejamos ter em nossa vida.

Então, mais tarde, anos depois, indo ainda mais fundo, você percebe que não é nada além de autoconsciente, manifestando um poder do caralho. Você entende que não é realmente seu corpo físico ou sua mente, mas uma energia infinita autoconsciente, consciente de que está manifestada neste plano.

A partir daí, tudo fica muito mais fácil e, quando você se torna consciente de quem é, percebe que o que costumava chamar de ajuda divina não é ajuda divina, porque não é algo externo a você, mas você e o maldito poder são um só.

A primeira revelação é.

"Eu e o poder do Fucking somos um só".

Portanto, tudo aquilo em que você focar sua atenção crescerá, crescerá devido ao enorme poder que seu maldito poder lhe proporciona.

Aqueles que chegaram até aqui usam seu poder para criar o que quiserem: uma peça de teatro, uma escultura, um prédio, um carro, o que for.

A segunda revelação é.

"Eu sou o homem invencível.

Um homem que tem o poder de se foder consigo mesmo é, portanto, um homem invencível. Ele é um homem que, independentemente de sua concentração, terá sucesso.

Agora vou me concentrar na sedução, por mais superficial que isso possa parecer. Então, você já está ciente de que é um poder do caralho manifestado neste plano, portanto, começa a exteriorizar esse poder naquilo que deseja, pois quer ser um sedutor, pede ajuda ao poder do caralho para orientá-lo no que deve fazer, e a primeira coisa que ele lhe diz é: "Quero ser sedutor.

"Eu sou o melhor sedutor".

Portanto, a terceira revelação é.

"Eu sou o melhor sedutor".

Como você pode não ser se você e o poder da porra são um só? O maldito poder se manifesta dizendo "Eu sou o melhor sedutor" e você realmente é, pois tem o poder de todos os sedutores de todas as eras da humanidade. Você se torna consciente de que é um homem altamente sedutor, o melhor.

Então, você acha que os outros não estão cientes desse poder e que, muitas vezes, por causa desse sentimento de vazio e inveja que eles têm, eles o atacarão. Portanto, você, que por puro poder do caralho se materializou em um homem invencível, dita a seguinte frase, que é a quarta revelação e diz o seguinte

"Eu me faço respeitar.

Como você quer se fazer respeitar na sedução e em tudo em geral, é por isso que, pouco a pouco, com a experiência, surge a sedução obscura. Ela surge como uma adaptação, como uma arma defensiva, como uma armadura que protege suas duas identidades mais profundas: a de homem invencível e a mais profunda de todas, a de poder manifestado.

Essa sedução sombria surge porque recebemos muitos ataques, inveja e reclamações.

Além disso, o maldito poder lhe diz que você é superior. Embora, no fundo, sejamos todos um, nem todos têm consciência de quem são, portanto, aqui no plano material, você é superior. Superior porque os outros não estão cientes de que o maldito poder se manifesta e só vibram em uma vibração muito baixa.

Em geral, elas estão por baixo em seu despertar, estão em um oceano de superficialidade desconectado de seu maldito poder, portanto, estão por baixo e, se não estiverem, você aplica a sedução sombria e as coloca por baixo. Você os coloca por baixo porque somente assim eles o verão como poderoso e realmente gostarão de você, porque somente assim eles sentirão o poder que os impressiona. Isso vem desde os tempos das cavernas, quando elas eram atraídas pelo homem forte, aquele que as defendia e protegia dos perigos. É por isso que, para realmente atraí-las, elas precisam ver você acima delas. Portanto, a próxima coisa que emana do homem invencível é esta quinta revelação, que é assim.

"Eu não os valorizo.

Você não deve valorizá-los porque neste mundo a gentileza é paga, a valorização excessiva é paga com desprezo. Isso acontece por questões genéticas ancestrais do homem das cavernas que não as tratava com excessiva atenção, coincidiu que esse tipo forte e machista era o que melhor as protegia, então associaram esse tipo forte e machista à sua sobrevivência e é por isso que até hoje esse critério ainda rege sua seleção. Elas preferem o homem mais rude e malvado que as valoriza pouco ou nada. Isso não tem nada a ver com misticismo, mas também é importante.

A próxima coisa que o homem invencível faz é emanar bem as qualidades masculinas. Depois de defendermos nossa identidade mais profunda com a sedução das trevas, protegemos nosso poder manifesto e consciente de transar e nosso autoconceito como homem invencível. Agora mostramos a parte que emerge da sedução das trevas, a parte mais suave que se manifesta em primeiro lugar é um corpo e uma mente muito masculinos, portanto, a emanação que sai do homem invencível é a sexta revelação que diz.

"Eu sou masculino.

Isso atrai as garotas e elas gostam de você sem a necessidade de nenhum método de sedução. Você tem uma essência sedutora que emana do fundo do coração. Você é feliz porque é a porra do poder que se manifesta em um homem invencível, você usa a sedução obscura para se proteger de todos os ataques, você tem masculinidade.

Agora você sente alegria, charme e carisma, tendo consciência de todo o seu poder, portanto, o que o homem invencível diz agora serão duas afirmações em que uma é consequência da outra.

"Eu sou o canalha charmoso". E, portanto
"Sou alegre e divertido.

Para ser o canalha charmoso, alegre e engraçado, basta seguir os métodos racionais que inventei como resultado de meu trabalho de campo e observação cuidadosa. Esses métodos são criados racionalmente, mas têm uma base emocional e mística profunda, porque emanam da alegria de saber que o poder do caralho e você são um só, e é por isso que é tão fácil desenvolver o que as pessoas finalmente veem: o método jd e o método el edp.

Com o método jd, você será divertido, desinibido, despreocupado, confortável, cúmplice e atrevido, se necessário.

Com o método edp, você será a estrela distante e perigosa que realiza essas ações

Divertido, desinibido, despreocupado, confortável, estrela, bondoso.

Como resultado desse longo processo de meditação, conscientização e experimentação, acontecerá que aquilo em que você está se concentrando, as meninas, se materializará.

Aparecerão garotas, garotas que gostam de você e são facilmente seduzidas por você. Essas serão as materializações que você criará com todo esse processo.

Agora vem a parte mais mundana, que é, obviamente! nada se materializará apenas com o pensamento. Isso ajudará muito, mas não será suficiente, **você terá que praticar em campo,** para que todo esse trabalho mental possa realmente se manifestar. Quanto mais trabalho mental você tiver feito, mais fácil será materializar seu maldito poder e transformá-lo em vitórias, e menos sofrimento você terá. Ainda assim, apesar de todo o trabalho mental, você terá de passar por um longo e difícil processo de aprendizado no campo de jogo. Quanto mais poder você sentir, mais rapidamente o que você vê em sua mente se materializará em suas interações físicas reais. Essa será a parte que exigirá mais tempo, a parte da realização no mundo real de suas interações.

Quanto mais dedicação você colocar nisso, mais cedo será bem-sucedido, quanto mais poder você sentir como resultado de todo esse processo mental e espiritual, que também podemos chamar de jogo interno, mais facilmente tudo se materializará.

O jogo interno, a visualização, nada mais é do que estabelecer uma conexão entre o seu eu físico e o oceano de poder do caralho. Isso produzirá uma espécie de funil duplo conectando as duas realidades, por meio do qual o poder do caralho flui para o mundo material,

Esse poder de transar, após esse trabalho interno, ou jogo interno, produzirá essas materializações que chamamos de garotas de programa. Para desenvolver plenamente o seu poder de transar, você deve meditar e visualizar-se em seu papel de sucesso com a tela mental. É por isso que a visualização é tão importante, é por isso que a visualização parece mágica, porque você realmente faz coisas mágicas.

E essa, meus amigos, é a explicação de tudo, desde o mais místico até o mais material.

O que quer que desejemos manifestar deve ser feito como nesse processo, sentindo o maldito poder e canalizando-o para o que desejamos. Obrigado por ouvir essas palavras místicas.

Agora falarei apenas sobre o homem invencível e a sedução.

Exterior
Soy alegre y divertido
Soy el sinvergüenza encantador
Soy masculino
No las Valoro
Me hago respetar
Soy el mejor seductor
Soy el hombre invencible
Yo y el Fucking power somos uno
Esencia
JD y EDP
Dark seducción
El hombre invencible
Fucking power materializado y consciente
Conexión
Meditación y concienciación
Exterior
Soy alegre y divertido
Soy el sinvergüenza encantador
Soy masculino
No las Valoro
Me hago respetar
Soy el mejor seductor
Soy el hombre invencible
Yo y el Fucking power somos uno
Meditación y concienciación
Fucking power infinito

Meditação para sentir o poder.

Sei que disse antes que não falaria mais sobre coisas místicas, mas me esqueci da meditação para me conectar com a porra do poder, então peço desculpas e lhes digo isso, prometendo que este será o último tópico místico sobre o qual falarei.

Para sentir bem o poder da transa, precisamos nos colocar em um estado de relaxamento profundo. Isso pode ser conseguido tocando uma música rítmica e relaxante, respirando profunda e lentamente, com os olhos fechados, sentados em uma posição relaxada. Então, quando estivermos bem relaxados, visualizaremos uma luz branca saindo de nosso peito. Essa luz é o nosso maldito poder que nos envolve e nos dá força.

Ficaremos assim por meia hora no máximo, respirando, ouvindo música relaxante e vendo essa luz branca que nos envolve. Isso cria a conexão com o reservatório infinito de poder do caralho. O funil duplo se tornará mais largo e mais poder do caralho entrará em nós. Com essa conexão mais forte com o nosso poder do caralho, seremos capazes de materializar muito mais facilmente o que queremos, pois teremos muito mais dele.

Nunca desista.

Um homem invencível nunca desiste. Um homem invencível é como os espartanos: não há escapatória, não há rendição. Quando ele estabelece uma meta, ele vai atrás dela com tudo. Ou seja, com toda a sua força. Ele se concentra nessa meta e não para até alcançá-la. Não importa se tiver que passar 50 anos se sacrificando e abrindo mão de muitas coisas em sua vida, o homem invencível nunca desiste e continua lutando até o último suspiro.

Outra característica do homem invencível é que ele nunca reclama, o homem invencível sabe que tudo recai sobre ele. Ele é enviado para a guerra e não reclama, é falsamente acusado de qualquer merda e não reclama, porque reclamar é fraco. O homem invencível assume sua responsabilidade, esse fardo é seu fardo, seja ele justo ou injusto. Mais tarde, ele lutará contra aquela acusação ou ação que o discrimina, mas no início ele a suporta sem reclamar.

Não importa quão difíceis sejam as coisas, não importa o que lhe aconteça, o homem invencível nunca se queixa de nada, está sempre feliz, sempre toma providências para que a justiça seja restaurada, pois o homem invencível é um homem justo que busca o bem.

Quem faz o mal para aqueles que fazem o mal está, na verdade, fazendo o bem, portanto, como eu disse em Dark Seduction, ao fazer o mal você também faz o bem. Também um bem muito grande, o equilíbrio é restaurado.

O homem invencível tem seus critérios e recompensa e pune de acordo com eles.

O homem invencível é como os espartanos, não há recuo, não há rendição, não há fuga da responsabilidade, o homem invencível luta e morre se necessário, sem reclamar, assumindo sua condição de homem e, mais ainda, de homem invencível.

Como o homem corajoso que é, ele parte como Dom Quixote para desfazer os erros, mas ele não é louco, os loucos são todos os outros que tentam acabar com o homem invencível.

O homem invencível é o soldado que morreu na guerra, o descobridor que descobriu e explorou continentes, o construtor que ergueu as pirâmides, o inventor que inventou uma máquina, o governador que administrou sua província, o indígena que defendeu seu território, o sedutor que seduziu mulheres.

Homem invencível e amor

O homem invencível acredita no amor, mas um bom amor, não um amor corrompido pela necessidade e pela fraqueza. O homem invencível pode ter centenas de amores porque nenhum deles lhe causará muito dano, ele é forte. É por isso que um sedutor é um homem invencível, um homem que, não importa em quantos relacionamentos se envolva, nunca se prejudica excessivamente e, se se prejudica, recupera-se facilmente, porque é forte, porque sabe quem é, é um homem invencível.

No final, o amor cresce se você tiver **presença**, ou seja, se de repente sentir o momento presente como se o tempo parasse, mas também precisa estar **ciente** do que está vivenciando. Às vezes, sem perceber, você desfruta do amor sem querer e por acaso, e isso também é bom.

Você sabe que pode acabar a qualquer momento e está preparado. São momentos, sensações que vêm e vão. Uma fumaça que às vezes se torna líquida e permanece um pouco mais. Também são coisas boas que você leva desta vida: os prazeres sentidos, as sensações experimentadas, as ilusões. O amor é 90% ilusão e 10% real. É a ilusão de que você precisa senti-lo. Se você estiver um pouco atordoado, também poderá senti-lo. Você sabe que a dor pode e muito provavelmente virá, mas às vezes você também aproveita esses momentos. Depois que esse amor passar, se ele passar, que é o que acontece na grande maioria dos casos, você será prejudicado por tê-lo sentido, nessa ocasião você perderá muito nesse jogo.

O homem invencível e a morte.

De repente, um dia, alguém vai embora inesperadamente e você não tem nem tempo de se preparar para isso ou de se despedir. Isso o deixa triste e entristecido, porque você percebe que a vida passa tão rápido que nem percebe. É por isso que você precisa aproveitar ao máximo cada momento, pois não sabemos quando partiremos. A vida de ninguém é garantida para sempre, todos nós morreremos, até mesmo o homem invencível morrerá.

Às vezes, não é a morte que você encontra, mas um acidente grave. Esse acidente pode ter acontecido com uma motocicleta, ou com um carro, uma queda, algo fortuito. Também pode não ser um acidente, mas um revés financeiro ou emocional, um golpe em sua vida que você não esperava. Talvez você mereça muito isso porque se arriscou demais, não importa, nunca nos arrependemos. Vamos chamar isso de acidente.

O fato é que, mais cedo ou mais tarde, esse acidente pode acontecer e você também precisa estar preparado. O homem invencível deixa suas coisas bem organizadas e quem vier depois dele poderá continuar seu legado.

Se o acidente não for muito grave, o homem invencível tira proveito disso. No hospital, ele pode ter empatia com as enfermeiras que cuidam dele, por exemplo, e qualquer momento é um bom momento para estabelecer relacionamentos com garotas bonitas. Mesmo que esteja sentindo dor, o homem invencível mantém sua atratividade intacta.

Lembro-me de quando fui operado de apendicite aos 18 anos, eu estava muito magro e mal conseguia andar, a não ser me segurando nas paredes, porque a cirurgia me machucava. Algumas garotas vieram me ver e ficaram impressionadas com a sensação de vulnerabilidade. Ver-me debilitado deve ter despertado um instinto maternal para me proteger. Todas disseram que eu estava mais atraente do que nunca. Em um hospital, convalescendo de uma operação, você também fica atraente e se torna um homem ainda mais invencível.

Se um homem invencível finalmente morre, essa pessoa está perdida, isso é ruim, mas pior ainda é o fato de que seu conhecimento está perdido. O homem invencível tem uma riqueza de sabedoria e, se ele não a escrever, todas essas experiências se perderão e ninguém poderá acessá-las.

É por isso que os homens invencíveis são cautelosos nesse caso e deixam tudo escrito, deixam suas memórias, sua experiência de vida e, graças a isso, nunca morrem, são lembrados e admirados muito tempo depois de sua morte; às vezes séculos depois, às vezes milênios.

O homem invencível permanece na cabeça daqueles que o conheceram, em suas memórias, em seus livros, em seus vídeos. O dia em que o homem invencível morre é o dia em que o mito nasce e se torna imortal.

Transcendendo a sedução.

O homem invencível domina completamente a sedução, e isso já é tão fácil que ele procura novas coisas para se destacar, de modo que possa ficar rico, ser famoso ou realizar ações ousadas e várias aventuras. O homem invencível tem autoconfiança infinita e nada pode tirar isso dele. Nem a doença, nem a dor, nem os problemas que possam surgir tiram sua confiança. O homem invencível faz o que quer, não precisa prestar contas a ninguém, se diverte tanto quanto qualquer outra pessoa e respeita suas próprias regras, não as dos outros; ele governa seu mundo. E como ele vive dessa maneira, alegre e despreocupado, isso aumenta seu carisma, porque as garotas o veem de forma diferente de todos os outros, ele não se preocupa em agradar, ser bonito ou qualquer outra coisa, ele só cuida do que tem vontade.

O homem invencível não aplica mais a sedução sombria, porque isso é para pessoas que são afetadas pelo que fazem. O homem invencível segue seu próprio caminho porque eles realmente não lhe causam nenhum dano. O homem invencível não sofre nem fica com raiva. Ele sabe como eles são e aceita isso. O homem invencível está sempre feliz, nunca reclama, aceita o que vier, vive sua vida exatamente como quer, não se apega a empregos, pessoas ou qualquer outra coisa.

Ele gosta de tocar órgão, fazer uma viagem ou flertar com uma senhora atraente, ou talvez com uma jovem bonita. O homem invencível governa sua vida e a vive do jeito que quer.

Maligno.

Hoje em dia, os detentores do poder são pessoas abusivas e profundamente más, eles se fazem de mocinhos e nos chamam de vilões, os homens invencíveis, aqueles que lutam contra a injustiça. Traduzindo isso, nós, os vilões, somos os mocinhos, e eles, os mocinhos, são os vilões.

Somos governados por nossa consciência, que nos diz o que é bom ou ruim, e não pelo que nos é dito de cima. Hoje os vilões são os mocinhos e os mocinhos são os vilões, então vamos fazer nossa má ação do dia, que na verdade é uma ação maravilhosa, porque combate a injustiça dos chamados mocinhos.

Mulheres.

Uma mulher com quem você fez besteira, uma mulher que está perdida para sempre, uma mulher que você não pode recuperar mesmo que mude muito o seu comportamento. Em alguns casos, você pode recuperá-la, mas é extremamente difícil. Se a mulher viu fraqueza, ela fez o julgamento dela em um microssegundo e o descartou. Se você foi mole, carente, sensível, excessivamente afetuoso, ela não terá gostado disso e agora será extremamente difícil seduzi-la ou reconquistá-la.

O que temos de fazer é obedecer ao que ela diz: ela não nos quer como amantes, não quer que tenhamos nada amoroso com ela, ótimo!

Agora vamos mortificá-la constantemente com nossos outros flertes, provavelmente seus amigos, provavelmente garotas que ela conhece. Entramos na zona de amizade, mas não nos concentramos nela, mas a temos como amiga, e nos dedicamos a todos, menos a ela. Então, estaremos na zona de amizade, mas em alta, geraremos o máximo de atração por ela, porque elas sempre têm inveja das outras, sempre querem o que todas querem.

Ela o tinha e o perdeu, agora ela paga caro por isso, agora nós lhe damos seu remédio, o que ela nos deu antes, mas aplicando-o nós mesmos. Agora ela é nossa amiga e não vamos dar a ela nenhuma chance, isso é um castigo, de fazer o que ela queria.

Impiedoso, para nunca mais ser suavizado, para nunca mais ser seduzido em vida, ele permanece lá para sempre mortificado, arde no inferno.

Nós nos dedicamos a todos os outros, eles sempre ficam melhores do que aquele que nos desprezou.

Quando não pensamos nelas, não as valorizamos e não queremos seduzi-las, quando as menosprezamos, é quando nos tornamos homens invencíveis, homens que às vezes são generosos e concedem, mas que na verdade não merecem. Não nos importamos com elas, não nos importamos com elas, não as valorizamos, não as admiramos, não vemos o lado sexual delas, só vemos bobagens e presunção, só vemos seus problemas. Estamos acima de tudo isso e só demonstramos um interesse neutro por aqueles que consideramos mais gentis e engraçados. Nunca vamos atrás de nenhum deles; se os pegarmos, ótimo, e se não os pegarmos, há mais, mas nunca lhes damos a satisfação de nos recusar. Quando você recebe a peça, é porque ela foi totalmente entregue. Às vezes, se damos a eles a satisfação de nos recusar, isso acontece raramente e não damos a mínima para o que eles fazem ou dizem.

Na realidade, é tudo um jogo, nós nos divertimos e temos muitas e muitas conquistas porque não damos muita importância a elas. Damos importância a nós mesmos e ao nosso mundo divertido.

O homem invencível que existe em você conquista onde quer que vá sem se preocupar muito com isso. Para você, isso é algo normal, um favor que você faz a elas, porque você é gentil e quer que elas fiquem bem. E se para ficar bem você tiver que dormir com elas, então você se sacrifica. Coitados.

Frases do homem
invencível.

A indiferença pune mais do que a vingança.

Muitas vezes, ser duro significa ser brando.

Quando você confronta uma garota, é quando ela começa a valorizá-lo.

Homens invencíveis não dizem o que estão fazendo, eles dizem o que já fizeram.

A garota que você acha que é boa é a que vai bater mais forte em você.

O que quer que aconteça a um homem invencível é exatamente o que ele precisa.

Homens invencíveis não podem ser derrotados nem mesmo se forem mortos, pois seu espírito livre sempre permanecerá.

O homem invencível é geralmente uma lenda, e essa lenda surge justamente porque ele só se preocupa em se divertir.

Nunca tente argumentar com uma mulher.

Deles você não pode esperar nada além de: traição, mentiras e falsas promessas.

Você precisa viver o dia a dia como Rambo, adaptando-se todos os dias às mudanças do ambiente.

Não existe amor, o amor foi embora na infância, quando deixamos de ser crianças e nossa mãe deixou de nos dar tanta atenção.

É mais importante aproveitar do que acrescentar.

Para somar muito, você precisa estar calmo e feliz.

O homem invencível não se importa com o que fazem com ele, é como se ele não fosse ele mesmo.

É muito mais magistral dizer não a eles do que dizer sim.

A autoexigência é boa para o crescimento, mas o excesso dela é uma fraqueza, porque você se preocupa demais com ela e, portanto, dá a ela poder sobre você.

Tudo o que o preocupa tem poder sobre você.

Aquele que não se importa com nada, está acima de tudo, nada pode afetá-lo.

Não se preocupe em mostrar quem você é, ela sabe quem você é melhor do que você.

O vilão não sai por aí se gabando de ser o vilão, ele sabe o que está fazendo.

Os vilões são os mocinhos, os mocinhos são os vilões.

Na realidade, hoje, os vilões são, na verdade, os mocinhos. Aqueles que se dizem bons são os maus.

Todos os dias você pode se reinventar e ser uma nova pessoa, melhor do que a anterior.

Às vezes, o antigo eu precisa ser destruído, às vezes precisa ser reformado, mas sempre precisa de uma pequena mudança, pelo menos.

Eles nos chamam de maus, nós pensamos que somos maus, mas somos os mocinhos.

No jogo do amor, nós, homens, temos sido os perdedores desde o início dos tempos.

No amor, você não pode vencer, na melhor das hipóteses, você não pode empatar.

O maldito poder cria uma camada de proteção sobre nós e saímos ilesos dos grandes problemas.

Comporte-se como se não tivesse medo de nada.

Comporte-se como se soubesse que não pode falhar.

Hoje é seu melhor dia.

A porra do poder guia você.

Dez dicas para governar
sua vida

1 Não busque a aprovação das pessoas.

2 Trabalhe em você física e mentalmente.

3 Não justifique o que você faz.

4 Exija excelência no que você faz.

5 Não persiga mulheres.

6 Crie sua própria fonte de renda.

7 Trabalhe para realizar seus sonhos.

8 Estabeleça metas elevadas.

9 Não aceite empresas que o distraiam de sua missão.

10 Recompense-se por seus triunfos.

A brutalidade dos homens.

Nós, homens, fomos esfaqueados, apunhalados, sabotados, jogados no fundo do mar, fuzilados, tivemos nossas cabeças cortadas, eletrocutados, baleados, explodidos, crucificados e uma série de outras barbaridades; e isso não foi feito por mulheres, foi feito por nós mesmos.

Nós, homens, somos inimigos dos próprios homens por sermos tão selvagens e, ainda assim, aqui estamos!

A vida do homem é muito difícil, o homem é aquele que tem que trazer o dinheiro para casa, aquele que tem que emigrar e deixar tudo para sustentar a família, aquele que vai ao mar para pescar, à floresta para caçar, aquele que enfrenta as feras.

Somos selvagens e é assim que deve ser, não devemos reprimir nossa masculinidade. Sobrevivemos a tudo, especialmente a nós mesmos, o que tem sido a coisa mais perigosa para nós, e aqui estamos nós, em outro milênio, inventando maneiras de ir a Marte e avançando na ciência.

É perigoso ser um homem, mas você deve se orgulhar de ser um.

Dor.

O homem invencível tolera a dor, e não apenas a tolera, mas até gosta dela. Quando um homem invencível está sofrendo, ele sabe que está no caminho certo. Nada que valha a pena é alcançado sem grande sofrimento. Exceto com as mulheres, com as quais não precisamos nos esforçar e elas praticamente vêm até nós, em tudo o mais temos de sofrer e passar pela dor para conseguir o que queremos.

Muitas vezes, pouco antes do sucesso, vem o pior momento. Um momento terrível em que parece que não será possível atingir nossa meta. Um momento em que os homens normais desistem, mas esse é o momento pelo qual nós, homens invencíveis, esperamos ansiosamente, porque sabemos que o sucesso virá em seguida.

Quando tudo dá errado, quando o esforço de muitos anos vai por água abaixo, quando todo o trabalho feito parece ter sido em vão, é aí que vem o verdadeiro sucesso. Quando passamos por esse túnel, sabemos que a saída está próxima e que uma luz ofuscante nos aguarda.

É muito difícil fazer sacrifícios, esforçar-se, trabalhar do amanhecer ao anoitecer em algo, dedicar todo o seu esforço e ver que não só não nos aproximamos de nossa meta, como também nos afastamos cada vez mais dela. Mas isso é o que geralmente acontece logo antes do triunfo. Assim como o mar recua quando chega o maremoto, tudo o que conquistamos nos é tirado injustamente e sofremos uma grande dor. Portanto, fique feliz por sofrer, e ainda mais feliz por não receber o que deseja receber, pois ele está chegando. Fique feliz quando seus esforços não só não forem recompensados, mas também punidos, pois esse é o momento em que a vitória começa. O trabalho bem feito é sempre recompensado. A meia-noite é quando o novo dia começa.

Sexo, sexo, sexo e não se esqueça da violência.

Como disse o mestre Marilyn Manson em sua música "This is the new shit", traduzida como "Esta é a nova merda": sexo, sexo, sexo e não se esqueça da violência. E aí? É claro que nós, homens invencíveis, gostamos de sexo e o praticamos o máximo possível com o maior número de mulheres que pudermos. Sim, às vezes também somos um pouco obcecados por ele e queremos experimentar novas posições, novas atividades ou simplesmente desfrutar das perversões que podemos imaginar. E daí? Claro que sim, graças a toda essa perversão a espécie se reproduz, casais são formados, pessoas são encontradas e a vida segue em frente. Porque, sim, transar é bom para a socialização. Na maioria das vezes, essas mulheres que você transa não valem muito como pessoas, mas às vezes elas são legais e, além do prazer do sexo, sua cultura aumenta, porque você aprende coisas com elas. Sempre há alguém que sabe fazer uma comida especial, ou que conhece um lugar, ou que tem um hobby interessante que você incorpora à sua vida. Ao se tornar um grande mulherengo, você adquirirá uma grande cultura e aprenderá muitas coisas. Não devemos nos envergonhar de gostar de sexo, pelo contrário, devemos nos orgulhar disso.

Quanto à violência, o que podemos dizer? Fantástica também! Nós, homens, estamos cheios de testosterona até as sobrancelhas e não podemos ficar sentados levando uma vida sedentária de casa para o trabalho e do trabalho para casa, temos que fazer atividades físicas intensas em que possamos desenvolver nossa: força, competitividade e, se necessário, até mesmo violência.

Não vamos nos esquecer da violência, ela nos torna masculinos, nós nos fazemos respeitar com força e, o mais importante, nós nos respeitamos ao nos fazermos respeitar. Uma violência geralmente em termos de uma atitude desafiadora ou combativa, não há necessidade de sair por aí batendo nos outros, mas se fosse necessário se defender, isso também seria feito.

Não nos esqueçamos da violência, ela nos levou a derrotar o urso das cavernas, a matar o mamute, enfim, a sobreviver nos tempos das cavernas. Inteligência, astúcia, força e violência criaram este mundo.

Um homem invencível geralmente é pacífico, mas às vezes ele tem que suportar situações abusivas, que exigem sua dose de violência. Então, você traz à tona seu homem das cavernas interior, seu atleta, e lhe ensina algumas lições.

Há dois tipos de aulas:

- Voar
- Foi certeiro.

A aula de voo consiste em bater de baixo para cima e depois ele voa e, como eu disse, você o coloca para voar como em "IT".

A outra variante é a aula de mergulho: de cima, você se pendura nele e bate nele para baixo, o que diminui sua altura até chegar ao chão, onde ele fica preso e quieto.

Ambas as opções são boas, mas as que voam permitem mais exibição, mas são mais difíceis para ele, pois exigem vários golpes para prendê-lo no chão.

Sim, às vezes é mais satisfatório colocar um idiota para correr do que transar com uma garota gostosa.

Sim, como disse o ilegal - sou um punk, sou um cara brega e também estou indo a todo vapor para a estrada.

Você não pode nem mesmo ser espancado até a morte.

Certa vez, um guerreiro matou outro guerreiro, cortou sua cabeça e a carregou pelos cabelos, exibindo-a para seus inimigos aterrorizados. O que esse guerreiro não sabia era que aquele cuja cabeça ele havia cortado era um **homem invencível**.

As cabeças decepadas às vezes têm alguns segundos de consciência e podem mover a boca, os olhos ou fazer uma careta.

Esse inimigo com a cabeça decepada já estava morto em alguns instantes, mas ainda estava vivo e tinha um lampejo de consciência. Ele sabia que era uma maldita cabeça decepada e podia ver ou perceber seu inimigo ao seu lado, e o que fez foi mordê-lo com toda a força em uma perna. Sim, a cabeça do homem morto recém-cortada mordeu o inimigo vitorioso.

E sabe o que aconteceu? Essa ferida infeccionou e, como acontecia em tempos muito antigos, na Idade Média, isso causou uma infecção geral que acabou matando-o.

Antes de morrer, o guerreiro que havia cortado a cabeça disse: "Derrotado por um homem morto1".

Assim é, meu amigo, mesmo depois da morte você pode vencer; às vezes, o triunfo vem quando séculos se passaram desde sua morte e você recebe o reconhecimento que não recebeu em vida. Às vezes, essas coisas estranhas acontecem, como o que aconteceu com o guerreiro que foi mordido por uma cabeça.

Se você derrotou seu inimigo, deve acabar com ele para que ele não se levante novamente, ou isso pode acontecer com você como aconteceu com esse guerreiro.

O homem verdadeiramente invencível precisa de apenas um segundo para vencer.

Assim é no beijo, assim é na vida.

Um segundo de precisão e você conquista essa nova vitória.

O homem invencível é viciado em vitória.

O que o homem invencível mais gosta é de ser bem-sucedido naquilo que se propõe a fazer, derrotar seus inimigos, erguer-se, vencer, ser o vencedor.

Portanto, ele tem forte competitividade, instinto predatório, confiança absoluta em suas habilidades, capacidade de sacrifício, fé no poder absoluto e certeza de que alcançará o que se propõe a fazer.

O homem invencível não hesita, ele faz!

O homem invencível atinge seus objetivos.

O homem invencível avalia bem a situação e faz o que for preciso para ter sucesso.

Construindo o homem invencível.

O homem invencível é construído com a mente. A realidade é uma matriz em que você vive em sua própria realidade. Essa realidade é construída por você mesmo e o afeta e condiciona toda a sua vida. Você recebe o que acha que merece e se submete às leis que cria para si mesmo. Você não existe de fato e essa não é a realidade. É por isso que realmente não há limites. Leia Jacobo Grinberg e sua "Teoria Sinérgica".

Você e a porra do poder são um só, você distorce a realidade a seu favor, porque a realidade que você vê nada mais é do que uma convecção que você aceita, é o que você projeta com sua mente. Se você pensar de forma diferente, projetará uma realidade diferente. O maldito poder está em você e em todas as coisas, você deve ativá-lo acreditando nele, acreditando que o tem, que é um com o maldito poder. Medite, deixe sua mente em branco. Olhe para a luz branca.

Então, milagres acontecerão e tudo será possível. É por isso que você precisa perceber que é um homem invencível.

O homem invencível enfrenta qualquer desafio. O homem invencível nunca desiste. De fato, quanto mais difícil for o desafio, mais motivado você estará para superá-lo. O homem invencível quer desafios difíceis, desafios que exijam que ele se aprimore. Fazer coisas normais e fáceis não é motivador.

Enquanto os outros têm medo e não tentam, o homem invencível se atreve.

O homem invencível corre riscos.

O homem invencível passa pela vida alegre e despreocupado, como se nunca fosse morrer, ou realmente não se importa.

O homem invencível nunca quer fazer nada, ele sempre faz o que acha interessante, mesmo que seja arriscado e difícil.

O homem invencível enfrenta seus medos, é justo e bom, distribui alegria, felicidade e amor, porque no final você pode obter o amor. Ao se tornar uma pessoa que deixa de lado o hedonismo, deixa de lado o prazer, você pode se tornar alguém que recebe amor, porque o homem invencível também o recebe se quiser.

Nada nem ninguém pode deter a vontade de vencer de um homem invencível.

Declarações do homem invencível

Para finalizar o livro, vou colocar algumas afirmações para serem repetidas em sua cabeça todos os dias, até que você as incorpore e elas permaneçam lá, dando-lhe o poder de se tornar um homem invencível, um ser divino.

Se eles não gostam do meu jeito de ser, que se danem!

Eu sou o que quero ser.

Eu me preocupava comigo.

Eu sou o melhor.

Que se dane o vizinho.

Eles vão mandar a porra da mãe deles.

Eu faço o que eu quiser.

Estou me sentindo bem.

Gosto de ser eu mesmo.

Eu amo a vida.

Eu gosto.

Aqui e agora, estou no momento presente.

Concentro-me em minha meta.

Não importa o que os Don Nadies digam, eles não vão mexer comigo.

Serei bem-sucedido, independentemente de quem quer que seja.

Sim, eu sou um mulherengo, o que há de errado?

Tenho orgulho de fazer o que faço.

Tenho orgulho de quem sou.

Eu me admiro.

Ninguém é mais importante neste mundo do que eu mesmo.

Só tenho a mim e meu maldito poder.

Sou invencível e, mesmo me matando, você não me derrotará.

Mesmo na derrota, ainda sou invencível.

Estou pronto para qualquer desafio.

Melhoro todos os aspectos da minha vida que são importantes para mim.

Posso alcançar absolutamente qualquer coisa que eu tenha em mente.

Minha fé em mim mesmo é absoluta.

Confio em meu poder.

Confio em meu poder.

Eu tenho o que quero.

Minha vida é maravilhosa.

Se minha vida não é maravilhosa, eu a torno maravilhosa.

Não farei nada para agradar alguém de quem não gosto.

Eu gostava de mim mesmo.

Estabeleço metas ambiciosas.

Meu tempo nesta vida será lembrado.

Quer queiram ou não, eles terão que me ouvir.

Estou aqui para fazer o bem.

Às vezes, fazer o bem significa fazer o mal.

Sinto-me muito feliz fazendo o que tenho que fazer.

Gosto muito de tudo.

Não há punição que eu não possa suportar

Sou pleno e perfeito.

Eu transmito positividade.

Sou positivo e atraio positividade.

Eu sou o poder manifestado.

Eu tenho o poder.

Lembre-se de que você tem a arma mais poderosa do universo, uma arma que sempre o protegerá, o guiará na direção certa e lhe dará um poder infinito. Esteja ciente de que, se desenvolver bem essa arma, você vencerá qualquer coisa que tiver em mente. Você acredita em seu poder divino infinito, que aumenta com meditação e consciência. Quando você e o maldito poder são um só, tudo é possível.

Shackleton.

Shackleton era um homem invencível que partiu com outros homens bons em uma aventura para explorar o Polo Sul. Seu navio ficou preso no gelo e acabou ficando tão aprisionado que foi completamente destruído. Ele e toda a sua tripulação foram abandonados no gelo marinho e sobreviveram comendo focas e até jogando futebol. O moral de toda a expedição, apesar de todos os contratempos, era muito alto, pois eles sabiam que eram liderados pelo lendário Shackleton e estavam totalmente confiantes em voltar para casa.

Shackleton planejou sua fuga do gelo e, junto com alguns outros, embarcou em um barco para a Ilha Elefante, onde se sabia que havia baleeiros. Essa ilha ficava a uma distância singular de mil quilômetros da posição deles. Um único grau de erro em seu curso os teria afastado muito da rota e eles não a teriam visto. Mas eles não desanimaram, e lá foram eles, remando sem parar pelo oceano.

Houve uma tremenda tempestade que quase afundou seu barco. Por incrível que pareça, eles conseguiram chegar à Ilha Elefante. Mas no ponto em que chegaram, com o barco totalmente destruído e irreparável, havia uma enorme cadeia de montanhas entre eles e as bases baleeiras. Era muito alta e os impedia totalmente de chegar lá, era uma impossibilidade. Mas para um homem invencível como Shackleton essa palavra não existia.

Sem demora, Shackleton começou a escalar essas montanhas. Após uma escalada de 27 horas consecutivas, eles finalmente chegaram ao cume. Essa façanha de escalar essas montanhas sem qualquer preparação ou meios foi considerada uma das maiores façanhas da história da humanidade.

Lá no topo, depois de meses ou sabe Deus quanto tempo, eles finalmente avistaram uma pequena aldeia. Eles desceram e contaram sua história. Em pouco tempo, todos os homens foram resgatados por um baleeiro. Graças à determinação inabalável do intrépido capitão, todos voltaram em segurança para suas casas. Franco Battiato cantou essa história em uma excelente canção.

Vi isso em um documentário no hemisfério da cidade de artes e ciências em Valência e fiquei impressionado.

Sim, Shakelton era um homem invencível. Um dos feitos mais importantes da história da humanidade foi realizado por esse homem, que demonstrou capacidade de sobrevivência e vontade de viver acima de qualquer obstáculo.

Que isso sirva de exemplo de um homem invencível.

Faça exercícios para se tornar um homem invencível.

Para se tornar um homem invencível, não há nada melhor do que valorizar seu físico e sua mente.

O físico.

Você trabalha seu físico fazendo todos os tipos de exercícios: abdominais, flexões, corrida, aeróbica, treinamento de força, o que for necessário. Você faz isso para ter uma boa aparência. Você também faz dieta e não para até ter o corpo perfeito que lhe permitirá atingir seu desempenho máximo. Não sei muito sobre isso, portanto, é melhor consultar especialistas.

A mente.

Você deve se visualizar como o homem invencível que enfrenta as situações mais difíceis. Nessa situação perigosa ou assustadora, você deve se comportar como o homem invencível que deseja ser. Faça isso com a tela mental, entrando em relaxamento. Depois de fazer essa visualização, você se conscientiza de que já é assim e se comporta dessa maneira.

Então, na vida real, em todos os momentos, você está ciente de que é o homem invencível, o vencedor, aquele que não pode ser derrotado e que não pode ser derrotado. Você se sente invencível como o Porsche 911 turbo RS que sai da curva, como o tanque Kind Tiger na Segunda Guerra Mundial que derrubou 19 tanques inimigos sozinho.

Bruce Lee na luta, Casanova no amor.

Você tem armas melhores do que as dos outros, tem algo extraordinário e o manifesta em seu mundo. Você esmaga todos os problemas e dificuldades.

Você tem o máximo de autoconfiança. Veja este exemplo. Havia um jogador brasileiro do Valencia CF no final dos anos 90 chamado Viola que disse a seguinte frase.

"Se eu controlar a bola na área, com certeza, é um gol". Essa é uma frase, essa é a certeza, ainda me lembro dela e a coloquei aqui como exemplo.

É assim que você deve ser, se tiver a oportunidade, certamente concretizará seu triunfo.

Não basta vencer, é preciso dominar.

O homem invencível é caracterizado pela consciência de seu poder ilimitado em todos os momentos.

A vida é difícil e há muitas dificuldades, mas se você tiver consciência de que é invencível em momentos de dificuldade, não desistirá, continuará lutando totalmente despreocupado com sua situação atual, porque sabe que finalmente vencerá, porque nunca desistirá, porque é invencível e quem é invencível vence.

A vida dos homens é especialmente difícil, muito mais difícil do que a das mulheres, e nós não reclamamos de nada, mantemos a cabeça erguida, olhamos para frente e enfrentamos um novo desafio, porque somos homens, a melhor das criações! e nada nem ninguém pode nos deter.

Sentir-se como um
homem invencível.

Todo mundo poderia ser um homem invencível, mas somente aqueles que sentem intensamente seu poder podem ser invencíveis. Em todos os tempos e lugares, houve homens invencíveis que fizeram coisas lendárias. Existem agora e existirão no futuro.

Você deve se sentir especial, diferente dos demais, chamado para grandes coisas. Você sabe que tem um poder infinito dentro de si que pode transformar e moldar o mundo inteiro à sua vontade.

Você pode superar todas as dificuldades e atingir todas as suas metas porque o poder do caralho está com você.

Você olha, respira e sente o poder em você. Você é feliz porque é invencível, tudo em que se concentrar se manifestará. Você cria sua vida e a desfruta.

Você carrega em si o poder de todos os homens invencíveis.

Você é o espartano nas Termópilas.

Shakelton escalando a montanha.

Magalhães cruzando o Estreito de Tierra del Fuego.

Casanova conquistando.

Vivaldi compondo as quatro estações.

Alarico conquistando Roma.

Às vezes perdendo e muitas vezes ganhando, você é o homem invencível.

Vida longa ao homem invencível!

O mundo espera por você, homem invencível, vá conquistá-lo!

Vamos jogar!

Don't miss out!

Visit the website below and you can sign up to receive emails whenever John Danen publishes a new book. There's no charge and no obligation.

https://books2read.com/r/B-A-FUKJ-MWDKD

BOOKS 2 READ

Connecting independent readers to independent writers.

Did you love *O Homem Invencível*? Then you should read *Compreendendo as Mulheres*[1] by John Danen!

[2]

Neste livro vou lhe dizer o que as mulheres realmente pensam ... Sempre quisemos entender as mulheres e achamos que isso não era possível. Bem, não só é possível, mas é bastante óbvio como elas pensam e se comportam. Descubra aqui.

Also by John Danen

Seduction 5.0
S.A.X.
Chicas complicadas
Seducción 5.0
El libro del tonto
Macho Alpha
Macho alpha extracto
La seducción después de la pandemia
Terriblemente atractivo
Seducción 5.1
Sedução 5.1
How to be Cool and Attractive
Sedução. Avançada. X.
Garotas complicadas
¡Basta de ser buen chico! Sé un chico malo.
El método JD. El método de seducción de John Danen
El arte de agradarte a ti mismo
¡Basta ya de abusos! ¡Defiéndete!
Enought with the abuse! Defend yourself!
Máster en seducción
Las mujeres. El amor. Y el sexo.
Supera la dependencia emocional
Atrae mujeres con masculinidad
JD Absoluta seducción
El fracaso del amor

Entender a las mujeres

La vida del seductor sinvergüenza y encantador.

El arte de la dureza

Terrivelmente atraente

Deixe de ser um bom da fita! Seja um mauzão.

Superar a dependência emocional

A arte de se agradar

Pare o abuso! Defenda-se!

O fracasso do amor.

O método JD

Don´t Be a Good Boy! Be a Badass

Complicated girls

The Art of Pleasing Yourself

Duro y Sinvergüenza

Mestre en sedução

JD Method

The Failure of Love. The Trap of Serious Relationships

Master in Seduction

A. S. X. Advanced. Seduction. X

Women. Love. Sex

How to Become a Real Man. Be an Alpha Male

Attract Women with Masculinity

JD Absolut Seductión

Understanding Women

The Life of the Shameless and Charming Seducer.

The Art of Toughness

Tough and Shameless

Überwindung der Emotionalen Abhängigkeit

Maître en séduction

Schrecklich Attraktiv

Surmonter la Dépendance Émotionnelle

L'art de la dureté

Die Kunst der Zähigkeit

Hör auf, ein guter Junge zu sein, sei ein böser Junge
Assez D'être un Bon Garçon ! Sois un Mauvais Garçon.
Die Kunst, sich Selbst zu Gefallen
Dur et sans Vergogne
Hart im Nehmen und Schamlos
L'art de se Plaire à soi-Même
Das Scheitern der Liebe
L'échec de L'amour.
Meister der Verführung
Die JD-Methode
Maestro di Seduzione
Terriblement Attrayant
La Méthode JD
Capire le donne
Compreendendo as Mulheres
Comprendre les Femmes
Die Frauen Verstehen
Les Filles Compliquées
Komplizierte Mädchen
JD Séduction Absolue
La Vie du Séducteur Charmant et sans Vergogne
Les Femmes. L'amour. Et le Sexe.
Mâle Alpha
S.A.X.
V.F.X.
Donne. Amore. E il sesso.
Ragazze Complicate
Superare la Dipendenza Emotiva
Seduzione. Avanzata. X.
Dark Seducción
Il Fallimento Dell'amore.
Il Metodo JD
Alphamännchen

Atrair Mulheres com Masculinidade
Attirare le donne con la Mascolinità
Attirer les Femmes par la Masculinité
Mit Männlichkeit Frauen Anziehen
Frauen. Liebe. Und Sex.
L'arte di Piacere a se Stessi
Mulheres. Amor. E Sexo.
JD Seduzione Assoluta
JD Absolute Verführung
JD Sedução Absoluta
Das Leben des charmanten, schamlosen Verführers
Smettila di Fare il Bravo Ragazzo! Essere un Cattivo Ragazzo.
La Vita del Seduttore Affascinante e Spudorato
A Vida do Sedutor Encantador e sem Vergonha
Macho Alfa
Uomo Alfa
Séduction 5.0
Verführung 5.0
Seduzione 5.0
Duro e Senza Vergogna
Duro e Sem Vergonha
L'arte della Durezza
A Arte da Dureza
The Fool's Book
Das Buch der Dummköpfe
Il Libro dei Pazzi
O Livro do Tolo
Dark Seduction
Dunkle Verführung
Sedução Escura
Dark Seduction
Seduzione Oscura
Le livre du fou

Como materializar lo que deseas con el fxxxxxx power
Como materializar o que você quer com o Fxxxxxx Power
El ángel Sex-terminador
El seductor vampiro
O Vampiro Sedutor
Sex-Terminating Angel
The Vampire Seducer
How to Materialize What You Want With The Fxxxxxx Power
El camino del maestro
Il vampiro seduttore
O camiño do mestre
La via del maestro
Der verführerische Vampir
Le sedusant vampire
Der Weg des Meisters
La voie du maître de la séduction
Master's Path
Come materializzare ciò che si desidera con il Fxxxxxx Power
Wie Sie Ihre Wünsche verwirklichen können mit dem Fxxxxxx Power
El método EDP
O método EDP
The E.D.P. Method
Comment matérialiser ce que vous désirez avec le Fxxxxxx power
El hombre invencible
The EDP Method
O Homem Invencivel

About the Author

Español.

Soy un hombre vividor y divertido que busca el lado bueno de las cosas siempre.

Mi experiencia es el campo de las relaciones personales y de la seducción. Por eso tras dedicarme larguísimas décadas a ello, quiero trasmitir mis conocimientos. Para que las nuevas generaciones tengan unos conceptos que les den una ventaja competitiva sostenible y poderosa en el campo del amor.

Quiero ayudarte a a conseguir tus metas.

Portugués.

Sou um homem animado, e divertido, que sempre procura o lado bom das coisas.

Minha experiência está no campo das relações pessoais e da sedução. É por isso que, após décadas de dedicação a ela, quero transmitir meus conhecimentos.

Quero ajudá-los a alcançar seus objetivos.

Inglés

I am a lively and fun man, who always looks for the good side of things.

My experience is in the field of personal relationships and seduction. That is why, after decades of dedicating myself to it, I want to pass on my knowledge. So that the new generations have concepts that give them a sustainable and powerful competitive advantage in the field of love.

I want to help you achieve your goals

Français Je suis un homme vif et drôle qui cherche toujours le bon côté des choses.

Mon expérience se situe dans le domaine des relations personnelles et de la séduction. C'est pourquoi, après m'y être consacré pendant des décennies, je veux transmettre mes connaissances. Pour que les nouvelles générations disposent de concepts qui leur donnent un avantage concurrentiel durable et puissant dans le domaine de l'amour.

Je veux vous aider à atteindre vos objectifs.

www.ingramcontent.com/pod-product-compliance
Lightning Source LLC
Chambersburg PA
CBHW052203150726
48002CB00003B/1095